ROSALIE

Rosalie ist ein
schneeweißes Pferd,
also ein Schimmel.
Am liebsten frisst sie
Karotten und rote
Äpfel.

Sonja Kaiblinger

Sissi
Die Pferde-Prinzessin

Mit Bildern von Marine Ludin

CARLSEN

INHALTSVERZEICHNIS

DIE NACHRICHT

Das ist die Geschichte einer Prinzessin.

Sie stammt nicht aus dem Märchen.

Oder aus einer erfundenen Geschichte.

Diese Prinzessin gab es wirklich.

Vor vielen, vielen Jahren.

Ihr Name war Sissi.

Sissi wohnt im Schloss Possenhofen.
Genau wie ihre Eltern
und ihre sieben Geschwister.

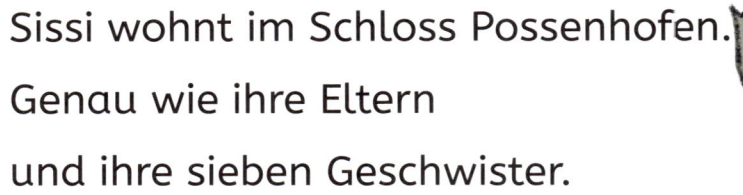

Dort kann man in der Natur spielen.

Und sich dreckig machen.

Das dürfen Prinzessinnen
normalerweise nicht.

Aber Sissi macht das trotzdem.

Euer Kleid sieht schmutzig aus.

Natalie ist Sissis beste Freundin.

Weil Natalie eine Zofe ist, die Sissi

bedient, muss sie höflich sein.

„Eure Hoheit" muss sie immer sagen.

Das klingt komisch, findet Sissi.

„Ach, ich wäre gern ein
normales Mädchen."
Sissi seufzt.
„Ihr könnt froh sein, dass Euch Eure
Eltern so viel erlauben", sagt Natalie.
Sie hat recht.
Sissi darf jeden Tag mit Rosalie
ausreiten.

Rosalie ist Sissis Stute.

Sie ist ein Wildfang,

genau wie Sissi.

Ihre Mähne ist struppig.

Eigentlich hat sie weißes Fell,

aber oft ist es grau oder braun.

Rosalie wälzt sich gerne im Dreck.

Aber das stört Sissi nicht.

Heute reiten Sissi und
Natalie in den Wald.
Schön ist es hier.
So grün und friedlich.
„Schau mal, Natalie", sagt Sissi stolz.
„Die Futterkrippe ist fertig.
Da können die Tiere im Winter fressen."
Sissi liebt Tiere!

„Im Sommer möchte ich viele Blumen pflanzen. Für die Bienen. Und im Winter baue ich ein Vogelhaus. Die Pferde brauchen neue Stallungen und…"

„Stopp, stopp, stopp!" Natalie lacht.

„Ihr seid doch schon fünfzehn Jahre alt!

Ihr seid bald erwachsen.

Wollt Ihr die ganze Zeit
mit Tieren spielen?"
„Na und?", sagt Sissi.
Für Tiere ist man nie zu alt.

„Wollt Ihr denn nicht
auf Bälle gehen?
Klavier spielen lernen?
Euch vermählen?",
fragt Natalie.
„Vermählen?" Sissi findet
das Wort grauenhaft.
Aber sie ist nun eine junge Frau.
Mädchen in ihrem Alter verlieben sich
und heiraten.

„Ich will nicht wegziehen", sagt Sissi.

„Ich heirate einfach den Kutscher.

Dann brauche ich auch nicht

Klavier zu spielen."

Natalie lacht.

Eine Prinzessin und ein Kutscher.

Das hat es hier noch nie gegeben.

Plötzlich kommt der Kutscher
angelaufen. Sissi staunt.
Eben noch hat sie von ihm gesprochen.
Schon ist er da. Er gibt ihr einen Brief.
„Aus Wien", sagt er.
Sissi liest den Brief.
Sie kann es kaum glauben.
Der Kaiser will sich vermählen.
Mit ihr. Sie gibt Natalie den Brief.
Als die Zofe ihn gelesen hat,
springt sie auf.

Absender:
Kaiser Franz Joseph
m Österreich

Elisabeth Amalie Eugenie
von Wittelsbach
Schloss Possenhofen

Natalie macht ein Tänzchen. „Sissi!

Ihr werdet die Kaiserin von Österreich."

„Kann ich dafür in Possenhofen

bleiben?", fragt Sissi.

Natalie lacht. „Nein.

Ihr müsst umziehen."

Umziehen. Dieses Wort mag

Sissi nicht.

Auch Rosalie lässt den Kopf hängen.

Vielleicht muss Sissi jetzt doch

Klavierspielen lernen.

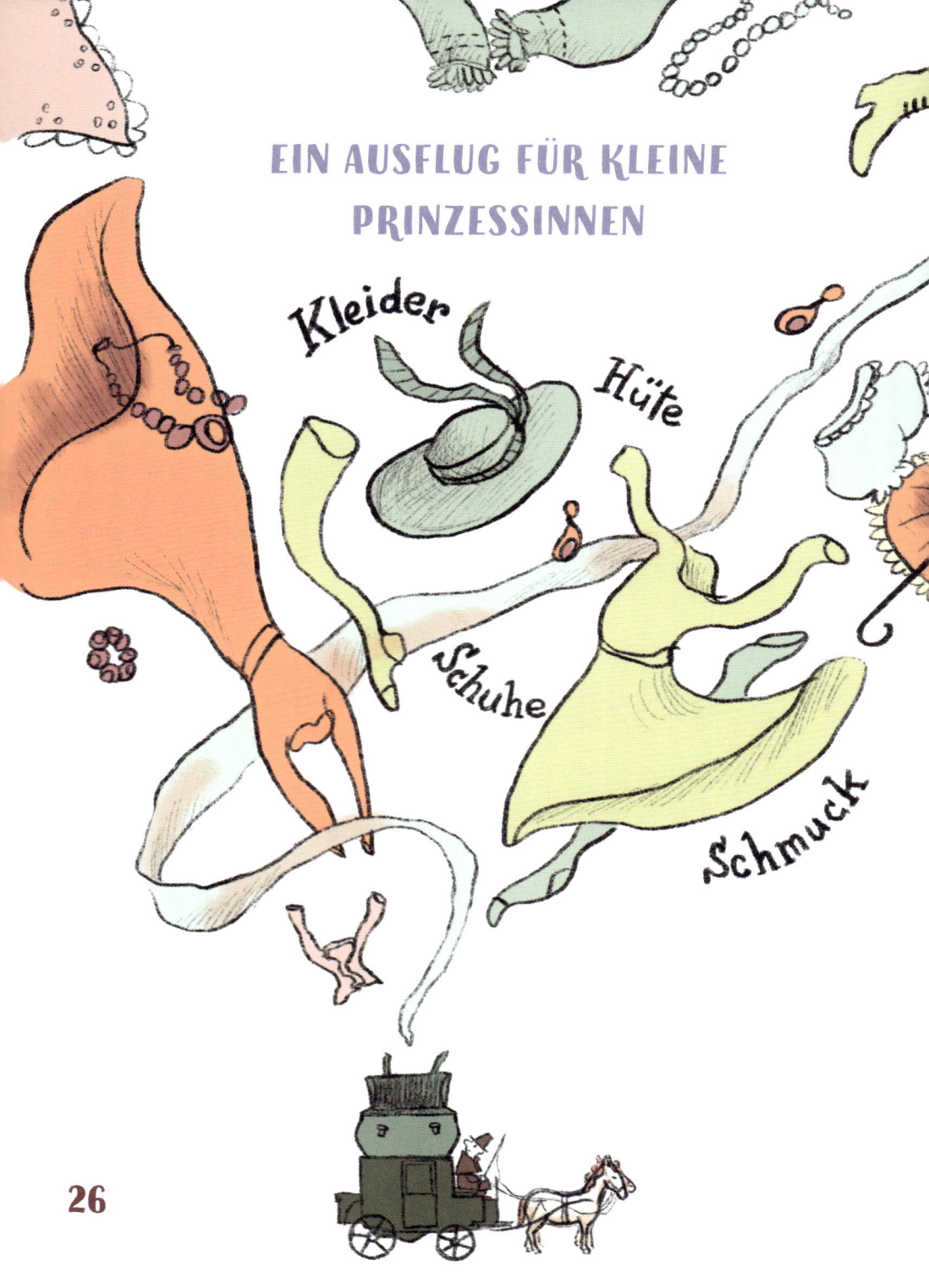

EIN AUSFLUG FÜR KLEINE PRINZESSINNEN

Kleider

Hüte

Schuhe

Schmuck

26

Sissis großer Tag ist gekommen.

„Habt Ihr alles eingepackt?",

fragt Natalie. Sissi nickt.

„Soll ich dir was verraten?",

kichert Sissi. „Das Meiste habe ich

noch nie angehabt."

Natalie grinst. So kennt sie Sissi.

Meistens hat sie Stallkleidung an.

Doch heute ist das anders.

Sissi trägt ihr schönstes Kleid.

Es geht los, Richtung Wien.

Natalie hat gesagt, im Schloss

gebe es viele Hunde.

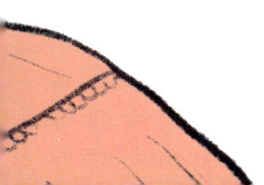

Sissi überlegt, wie das wohl wäre.

Mit einem Rudel Hunde

durch den Palast zu toben.

Aber noch lieber als Hunde
hätte Sissi Rosalie bei sich.

Doch die muss hierbleiben.
Am Morgen hat Sissi sich verabschiedet.
Das war sehr traurig.
Sissi reist mit der Kutsche des Kaisers.
Zwei edle Pferde sind vor den Wagen

gespannt. Ihre Mähnen sind
zu Zöpfen geflochten.
Und auf ihren Köpfen
ist Schmuck. „Sieh dir
die Tiere an", sagt Sissi.
„Man könnte glauben,
die gehören zu einem
Zirkus."

Du wirst die beiden in Wien genauso lieb haben wie Rosalie.

Hi, h

Zum Glück darf zumindest Natalie mitkommen.

Als die Kutsche abfährt,
springt Sissi auf.
Schlosshunde sind toll.
Aber was ist mit dem Wald?
Gibt es in so einer großen Stadt
wie Wien überhaupt Wald?

Halt !

schreit Sissi. „Ich
muss noch mal ... was
erledigen." Sie denkt sich eine
Ausrede aus: „Ich muss ... für kleine
Prinzessinnen."

„Sie muss auf den Thron", sagt der
Kutscher und grinst.

Doch Sissi hört das gar nicht mehr.

Sie läuft los in den
Wald.

„Auf Wiedersehen, Wald! Tschüss, Tiere",
lacht Sissi und dreht sich wild im Kreis.
Da ist ein Ast. Sissi stolpert.
Und fällt in den Matsch.
Oje! Jetzt ist das Kleid voller Dreck.
Hoffentlich sieht Natalie das nicht.

„Was zur …", ruft der Kutscher laut.

„Ihr seid in den Wald gelaufen!"

Überrascht fährt Sissi herum.

Der Kutscher steht hinter ihr.

Schnell verdeckt sie den Fleck am Kleid.

„Na gut. Ich komme schon", sagt sie.

Müde kuschelt Sissi sich in die Kutsche.

Langsam fahren sie ab. Hinter Schloss

Possenhofen geht die Sonne unter.

Dabei denkt Sissi an Rosalie. Wie sie mit ihr herumtobt und kuschelt. Ob das auch mit den Schlosshunden klappt?

EIN UNGEPLANTER STOPP

Es wird Nacht. Die Kutsche ist noch immer unterwegs. Durch Wälder, Täler und entlang eines großen Flusses. Irgendwann schläft Sissi ein.

Plötzlich hört Sissi ein Wiehern.

Sie schreckt hoch.

Natalie sitzt ihr gegenüber.

Schließlich hält die Kutsche.

Sissi schaut aus dem Fenster.

WAS IST LOS?

Ich weiß es nicht

41

Ein Hirsch steht im Weg.

Eins der Pferde hat sich erschreckt.

Es scharrt mit den Hufen und

wiehert erneut.

Raus aus der Kutsche! Das Pferd könnte gleich durchgehen.
Vielleicht kann ich helfen?

Die jungen Frauen
klettern aus der Kutsche.
Mit Pferden kennt Sissi sich aus.
Angst hat sie auch keine.

„Zu gefährlich", meint der Kutscher.

„Das Pferd kennt Euch nicht!"

„Doch", sagt Natalie plötzlich.

„Lasst Sissi es versuchen.

Sie kennt die Stute."

Sissi ist verwirrt. Sie hat diese

Stute noch nie gesehen. Oder doch?

„Schnell!", ruft der Kutscher.

Sissi hat keine Zeit nachzudenken.

Langsam geht sie auf das Pferd zu.

„Ruhig", sagt Sissi und streckt

die Hand aus.

Doch es hilft nicht: Das Pferd
wird immer unruhiger.
Der Hirsch ist schon weg,
aber die Stute hat noch immer Angst.

Jetzt steigt sie auf.

Blumen fallen aus ihrer Mähne.

schreit
Sissi plötzlich.
Es ist Rosalie! Mit der
geflochtenen Mähne und den Blumen
hatte Sissi sie nicht erkannt.

Natalie nickt.

Sissi zögert nicht mehr. Sie rennt
durch den Matsch auf das Pferd zu.
„Rosalie?", fragt Sissi vorsichtig.
Rosalies Augen richten sich auf Sissi.
Einen Moment lang ist sie ruhig.
Doch sie scharrt immer noch
mit den Hufen.

Sissi kennt einen Trick: Liebevoll lehnt
sie ihre Stirn an Rosalies Kopf.
Es hilft. Rosalie schnaubt
und legt ihren Kopf
an Sissis Hand.

Alle atmen auf. „Ihr seid die beste
Tierversteherin der Welt!",
sagt der Kutscher.
„Der Kaiser wird begeistert sein!"
Natalie seufzt. „Hoffentlich
sieht er nicht, dass Sissis
Kleid voller Dreck ist.
Die glauben sonst, Sissis
Zofe sei schlampig."
„Keine Sorge!", sagt Sissi.
„Ich habe eine Idee."

Am Morgen erreicht die Kutsche das Schloss. Sissi sieht auch schon den Kaiser und seine Mutter. Und vier große Hunde. „Hallo", ruft Sissi und klettert aus der Kutsche.

Die Hunde rennen auf Sissi zu. Liebevoll tollt sie mit ihnen herum.

Natalie macht einen Hofknicks.
„Willkommen in Wien, Sissi", sagt
Erzherzogin Sophie, die Mutter
        des Kaisers.

Dann guckt sie auf Sissis Kleid.

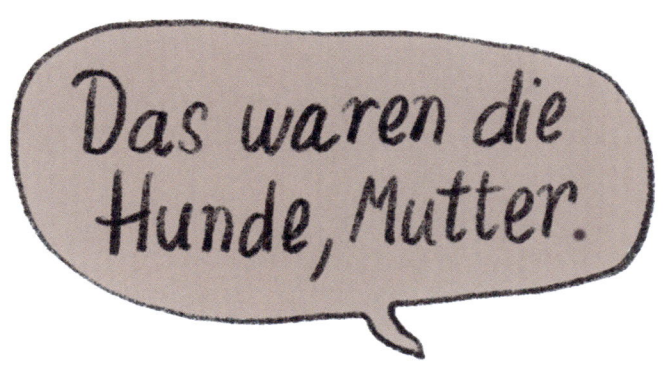

Das waren die Hunde, Mutter.

Franz zwinkert Sissi zu.
Dabei kleben noch Blätter an ihrem
Kleid. Bestimmt weiß der Kaiser,
dass das nicht die Hunde waren.
Doch er lächelt Sissi an.
Er wird ihr Geheimnis nicht verraten.

Was für eine aufregende Reise.
Jetzt ist Sissi also in Wien
und wird bald Kaiserin.

Hoffentlich wird das Leben hier genauso schön wie daheim. Denn wer sagt, dass eine Kaiserin nicht auch mal wild sein darf?

KÖNIGLICHES WÖRTERBUCH

ZOFE

MONOKEL

VERMÄHLUNG

KRONE

HOHEIT

KUTSCHE

HOFKNICKS

SONJA KAIBLINGER wurde 1985 in Krems, Österreich geboren. Sie schreibt Kinderbücher, arbeitet fürs Fernsehen und hat ein großes Herz für Pferde. Außerdem hat eine ihrer Vorfahrinnen vor langer Zeit am kaiserlichen Hof gearbeitet – genau wie Zofe Natalie!

MARINE LUDIN kommt aus Südfrankreich. Sie hat in Nancy Grafik-Design und in Hamburg Illustration studiert. Wie Sissi fühlt sie sich im Wald am wohlsten. Im Münsterland, wo sie aktuell lebt, gibt es viele Pferde, die ihr für Rosalie Modell stehen konnten.

© 2023 Carlsen Verlag GmbH,
Völckersstraße 14–20, 22765 Hamburg
Umschlag- und Innenillustrationen: Marine Ludin
Lektorat: Nora De Lon
Satz und Herstellung: Derya Yildirim, Gunta Lauck
Lithografie: Ronald Fromme, Hamburg
ISBN 978-3-551-69043-2
www.carlsen.de

ZOFE NATALIE

Natalie ist Sissis
Zofe. Sie hilft ihr
beim Ankleiden und
Frisieren. Sie ist auch
Sissis Freundin und
hat immer ein offenes
Ohr für sie.